Segen für eine ganz kleine Persönlichkeit

Du bist so klein und doch so vollkommen!

Mutter und Vater lieben dich,
zwei Familien freuen sich auf dich!

Du wirst neugierig in eine bunte Welt treten.

Du wirst im Nest deiner Heimat wohnen
und weltweit Kontakte knüpfen.

Du wirst deinen eigenen Weg
suchen und finden.

Sei gesegnet,
du kleine vollkommene Persönlichkeit!

Sei erfüllt mit Kraft und Mut zum Leben!

Das wünscht dir

....

Hanna Strack

Gott segne dich, mein Kind

Herzliche Wünsche zu Geburt & Taufe

Vivat!

Liebes Kind!

Nun hast du mit all deiner Kraft
den engen Weg in unsere Welt geschafft.

Nun spürst du den Atem deiner Mutter,
ihre Haut, ihren Pulsschlag,
und die Augen deines Vaters,
die auf dir ruhen.

Wir begrüßen dich, du neugeborenes Kind!
Mögest du
wachsen und blühen
wie eine Blume auf der bunten Wiese.
Sei eine Rebe am Weinstock Jesu!

Dazu spende dir die göttliche Weisheit
ihren Segen!

Sehnsucht nach Herberge

… denn sie fanden sonst keinen Raum in der Herberge. *(Lk 2,7)*

Maria fand die Herberge im Stall
und gebar dort ihren Sohn
im einfachen Raum,
in der tiefen Stille,
erfüllt vom strahlenden Licht.

Gott segne uns alle,
die wir uns nach der Herberge sehnen.
Gott begleite uns
auf unserer stetigen Suche –
mit Gott finden wir die Heimat!

Gott heiße uns willkommen
bei der Ankunft in der Herberge –
mit Gott stärkt uns das gute Wort

Gott öffne unsere Herzen,
dass wir unsere Tür öffnen –
so können wir anderen Herberge sein.

So segne uns Gott
im Sehnen und im Schenken
von Herbergen.

Denn dort ist Wärme
und Licht
und Richtung!

Amen.

O Wunder über Wunder!

Wenn dein Kind dich morgen fragt:
„Mama, wie war es, als ich geboren wurde?"

Dann antwortest du:

„Es war ein heiliger Augenblick,
als wir, du und ich,
mit großer Kraft und starken Schmerzen
dich ans Licht brachten.

Es war ein heiliges Tun,
als die Hebamme
dich über ihre Hände gleiten ließ
und an meine Brust legte.

Es war eine heilige Stille im Raum,
als ich ermattet und selig
dich ansah und staunte
über dies Wunder der Schöpfung: Du!"

Ein Licht

Maria hatte Ruhe
im Stall gab es keine Hektik
sie war allein
Engel sangen
Josef war draußen
um eine Hebamme zu suchen

als sie kam
war das Kind geboren
lag in der Krippe
ein Licht ging
von ihm aus

Die Mutter spricht:
Schon während ich guter Hoffnung war,
hat mich das Licht begleitet
und mir Vertrauen geschenkt.
Als die Schmerzen mich überwältigten
hat mich das Licht umfangen.
Als das Kind geboren war,
erfüllte das Licht den ganzen Raum.
Auch der Vater hat das Licht gesehen.
Du Licht aus der göttlichen Welt
hast dem Augenblick der Schöpfung
die Würde verliehen.

Heilige Ergriffenheit

Das Kind ist geboren,
der Raum von Freude erfüllt,
die Zeit steht still,
vom Kind her leuchtet ein Licht.

Das Kind ruht
auf der Brust der Mutter,
der Vater ist erlöst
aus der Todesangst.
Eine heilige Drei-Einigkeit
knüpft miteinander Liebesbande.
Die Hebamme hütet
den heiligen Augenblick.

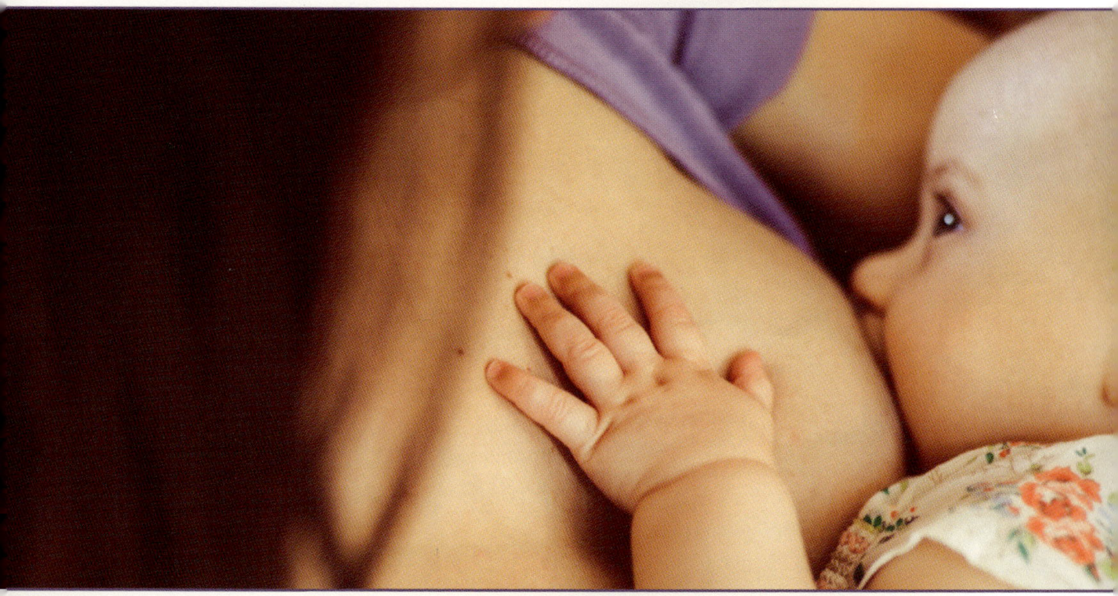

Dreifacher Segen

Gott segne alle Kinder,
dass ihr Weg in die Zukunft offen sei!

Jesus segne alle Kinder,
dass sie viele Herbergen seiner Liebe finden!

Der Heilige Geist segne alle Kinder,
dass sie ihre Schritte mutig
und im Einklang mit der Natur gehen!

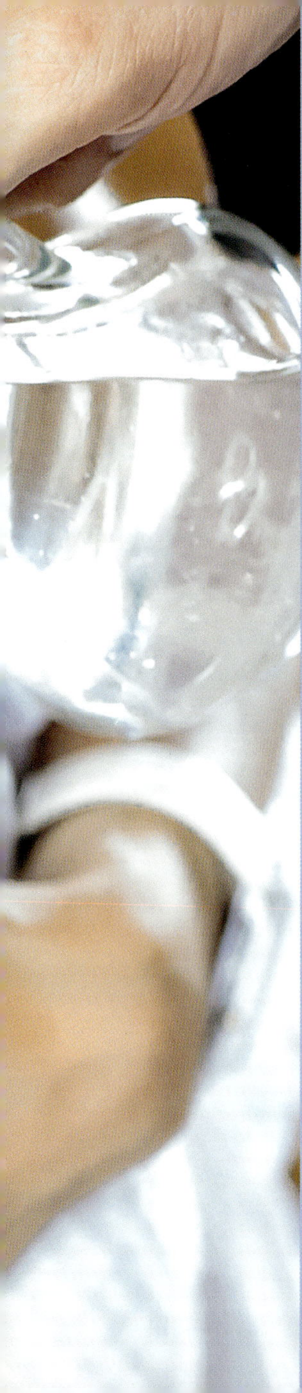

Gott segne dich, mein Kind

Möge das Wasser, das du trinkst
frei sein von Gift;
möge die Straße, die du gehst,
frei sein von Rasern;
möge die Schule, die du besuchst,
offen sein für deine Träume;
möge die Familie, die du gründest,
stark sein gegen Überforderung;
möge der Tod, den du stirbst,
frei sein von Gewalt;
mögest du nie tiefer fallen
als in Gottes Hand.
Gott segne dich, mein Kind!

Liebes Kind!

Wie ein bunt gefiederter Vogel
bist du in unsere Welt geflogen
und hast dir ein warmes, wohliges Nest erkoren.
Und wenn du flügge wirst
und in andere Länder fliegst,
dann geh niemandem auf den Leim,
sondern lass dich nieder
auf einem saftvollen grünen Baum
und sing dein Lied von der Liebe!

Die Bitte der Eltern

Gott, du Liebe zum Leben,
sieh an das Nest, in das unser Kind
hineingeboren ist!
Behutsam und achtsam
wollen wir es aufnehmen.

Gott, du Atem des Lebens,
berühre uns mit deinem Geist!
In deiner Gegenwart
wollen wir es erziehen.

Gott, du Kraft im Leben,
wirke in uns
in guten und schwierigen Tagen!
So begleiten wir seinen Lebensweg.

Gott, schenke uns und unserem Kind
deinen Frieden.

Dein Wunder

Du hast ein fröhliches Kind geboren!
Du spürst eine abgrundtiefe Traurigkeit.

Für alles um dich ist gut gesorgt!
Doch alles ist dir zu viel.

Du wohnst inmitten von Blüten und Blumen.
Du spürst nur Kälte und Dunkelheit.

Dich umhüllen Bänder der Freundschaft.
Du siehst nur Risse und Spalten.

Dein Haus hat Türen zur Zukunft.
Du sagst: Sie sind verschlossen.

Wie eine leise Melodie
soll Gottes Gnade schwingen
durch deine gebrochene Welt!

Wie ein leichter Lufthauch
soll Gottes Liebe verbinden,
was in dir zerrissen ist!

Wie ein lautloses Türschloss
soll Gottes Freude öffnen
den Blick auf dein Wunder-Kind!

Hier ist die Quelle

Gott, du Mutter und Vater aller Menschenkinder,
wir wollen dieses Kind, das den Namen ....
erhalten hat, jetzt taufen.
Wir wollen es in die Kraft deiner Liebe eintauchen.
Hineingeboren in eine Welt der Freiheit,
die auch eine Welt der Ellbogen und der Einsamkeit ist,
möge es durch den Mantel deiner Liebe
gewärmt und geschützt werden!

Christus, du Bruder aller Menschen,
du hast deinen Segen auf die Kinder strömen lassen
gegen allen Widerstand derer,
die an die Macht der Ordnung glaubten.
Möge dieses Kind deinen Segen
wie einen warmen Regen empfangen
und ihn wie aus einer erfrischende Quelle trinken!

Heilige Weisheit, die du die Welt gestaltest,
begleite die Eltern durch ihr Leben,
dass sie mit Einsicht und Klugheit erziehen.
So können Eltern und das Kind
zugleich leidenschaftlich und gütig miteinander leben.
Dafür sind wir dankbar.
Amen.

Wasser des Lebens

Wie die Mutter das Kind gebar,
wie das Kind aus dem Fruchtwasser
hinausdrängte,
so schenkst du, Gott, uns neues Leben
durch das Taufwasser.

Wie die Mutter das Kind nährt,
so schenkst du uns deine Kraft zu leben.

Wie der Vater das Kind auf- und annimmt,
so begleitest du uns durch unser Leben.

Wie die Eltern das Kind zur Freiheit erziehen,
so lässt du uns, Gott, in Freiheit leben.

Einzigartig ist dieses Kind,
ein Wunder, wie es lebendig ist,
für das wir dankbar sind.

So taufen wir es in die Macht der Liebe hinein,
dass die finsteren Mächte nicht siegen,
dass es Lust am Leben hat.

Du sollst ein Segen sein!

Im Gewebe des Lebens
kannst du ein Segen sein,
denn die Große Weberin
verwebt ihren Segen hinein!

Im Gewebe des Lebens
bist du ein Faden, der im Muster leuchtet,
ein Knoten, der den Teppich verdichtet,
ein Kreuzungspunkt von Kette und Schuss.

Im Gewebe des Lebens
ist auch dein Leben eingewirkt,
aus Löchern und schwarzen Fäden,
aus Knoten und Spiralen,
mit Feuer und Luft,
aus Erde und Gold.

Im Gewebe des Lebens
sollst du ein Segen sein.
Lass deine Trauer und Ohnmacht zu!
Lass deine Augen leuchten!
Lass deine Kraft wirken!

Die Große Weberin segnet dich!

Der Segen der neun Kräfte

Mein Kind:
Dein sei die Kraft der großen Flüsse.
Dein sei die Kraft des weiten Ozeans.
Dein sei die Kraft der tiefen Quellen.
Dein sei die Kraft des sanften Regens.
Dein sei die Kraft des glühenden Feuers.
Dein sei die Kraft des leuchtenden Blitzstrahls.
Dein sei die Kraft der harten Felsen.
Dein sei die Kraft der fruchtbaren Erde.
Dein sei die Kraft der höchsten Liebe.

Nach einem alten keltischen Segensspruch

Blühe und tanze ins Leben!

Liebe/r ...., Gott segne dich,
dass du immer gute Freundschaften findest!
Liebe/r................................, Gott segne dich,
dass du immer fröhlich spielen kannst!
Liebe/r ...., Gott segne dich,
dass du deine Begabungen entfalten kannst!

Fürchte dich nicht!

Bibliografische Information der Deutschen Nationalbibliothek
Die Deutsche Nationalbibliothek verzeichnet diese Publikation in der Deutschen Nationalbibliografie; detaillierte bibliografische Daten sind im Internet über http://dnb.d-nb.de abrufbar.

Hanna Strack,
geb. 1936, evangelische Theologin und Autorin. 1994–1997 leitende Pastorin der Evangelischen Frauenhilfe der Evangelisch-Lutherischen Landeskirche Mecklenburgs. Seit 1987 widmet sie sich der Feministischen Theologie und und seit 2006 der Theologie der Geburt.

ISBN 978-3-7462-5659-7

Umschlaggestaltung: Rungwerth Design, Düsseldorf
Gesamtherstellung: Kontext, Dresden (A)